그냥 살자

그냥 살자

2025년 7월 15일 초판 1쇄 발행
2025년 9월 1일 초판 3쇄 발행

지은이 | 김홍신
펴낸이 | 孫貞順

펴낸곳 | 도서출판 작가
　　　　(03756) 서울 서대문구 북아현로6길 50
　　　　전화 | 02)365-8111~2 팩스 | 02)365-8110
　　　　이메일 | cultura@cultura.co.kr
　　　　홈페이지 | www.cultura.co.kr
　　　　등록번호 | 제13-630호(2000. 2. 9.)

편집 | 손희 양진호 설재원
디자인 | 오경은 이동홍
마케팅 | 박영민
관리 | 이용승

ⓒ김홍신, 2025. Printed in Seoul, Korea.
ISBN 979-11-94366-83-6(03810)

* 이 책의 판권은 지은이와 도서출판 작가에 있습니다.
  양측의 서면 동의 없는 무단 전제 및 복제를 금합니다.
* 잘못된 책은 구입하신 서점에서 바꾸어 드립니다.

값 12,000원

작가 시인선 022

그냥 살자

김홍신 시집

작가

■ 시인의 말

문학소년 시절에
시인이 되고 싶었지요.

소녀에게 편지를 썼지요.

꽃씨를 넣어
흙벽돌을 만들어
초가 한 칸을 짓고
봄비에 젖으면
우리 집은
온통 꽃대궐이 된다고…

소녀가 도망갈 수밖에요.

살만큼 살았으니
그 꽃씨를 가슴에 심어
'마음의 꽃'을 피우고 싶었네요.

2025년 여름

김홍신

차례

시인의 말

1부 대바람 소리

대바람 소리 13
조선의 혼, 아리랑 14
천화遷化 15
사랑 I 16
사랑 II 17
사람은 지구의 나그네 18
술잔이 비었노라 19
천하에 오직 하나뿐 20
같이 흔들리자 21
내 인생의 오로라 22
그냥 살면 되거늘 23
바람에게 물었다 24
사람으로 태어나 무엇을 남길 텐가 25
귀신에게 시비 걸기 26
살아있음은 기적 27

2부 겪어보면 안다

겪어보면 안다 31
신이 주신 선물 32
천사가 배시시 웃더라 33
불을 끌 만큼 눈물 흘려 보았느냐 34
사람의 고향은 별이다 35
그냥 살자 36
하늘을 마신다 37
내 인생의 구렁텅이 39
따라 배우기 41
인생 42
사람꽃 44
해돋이와 해넘이 45
심장 속으로 들어온 사랑 46
사랑 그리고 이별 47
사랑 벼락 1 48
사랑 벼락 2 49

3부 인생 사용 설명서

인생 사용 설명서 53
사랑 근처 54
논산 아리랑 55
엄니 마음 57
사랑 서리 59
사람이 왜 늙나 했더니 60
놀부 보시 61
청춘들아 62
울 엄니 1 63
울 엄니 2 64
한눈 팔기 65
다친 사랑 66
별을 마신다 67
그대는 68
사랑앓이 70
그대가 하늘이었소 71

4부 모루

모루 75
춘추문장春秋文章 76
후회 77
왜 사냐고 물으면 78
내 고향 푸른 달아 80
그리운 것은 금강이 아니라 통일 82
인연 84
사랑의 전과자 86
시인詩人 87
봄이 슬픈 까닭 88
무제 89
헤어지는 연습 91
흔들리며 살자 92
그대 품속에 핀 꽃 93
사랑 Ⅲ 94
오장 칠부 달린 무리 95
두루메 96

평설
시로 쓴 인생론과 그 향방_김종회 98

1부
대바람 소리

대바람 소리

하늘에게 어찌 살라느냐 물으니
대나무처럼 살라 하네
대나무는 가늘고 길어도 쓰러지지 않아
마디 있고 속 비어 그렇다네
인생의 고비가 마디요
속을 비우는 건 마음 내려놓는 거라네

대나무에게 어찌 살라느냐 물으니
바람처럼 살라 하네
바람은 그물에 걸리지 않는다지
걸림 없고 자유로워 그렇다네
사랑과 용서로 짠 그물에는
바람도 걸리고 하늘도 웃는다네

조선의 혼, 아리랑

금강을 아니 닮은 아리랑이 어디 있으며
백두를 아니 품은 아리랑이 어디 있으며
조선의 혼을 아니 머금은 아리랑
또 어디 있으리까

하늘의 조화가 아라리오
땅의 신비가 쓰라리오
한과 흥과 은근과 끈기일지니
살풀이를 해도 한바탕 어울림이요
마당놀이를 해도 한바탕 너름 뛰기라

잡살스럽게 침략당해도
반드시 다시 일어선 백성
역사를 지워도
다시 쓰고 다시 쓰는 당당한 기백
아픔 삭이고 뚜벅뚜벅
앞서 걷는 백성

천화遷化

병고를 견디던 고승이
죽음을 예감하고
홀로 깊은 밤에
더 깊은 산속으로 걸어가
짐승의 밥이 된다 하였다

어찌 붓다가
따로 있다 하겠는가

사랑 I

사랑은 한지에 먹물이
삭 스며드는 몸짓

붓끝으로 먹물 듬뿍 적셔
사랑이라 쓰는 순간
삽시에 혼이 스며든다

사랑은 스며듦이다

사랑 Ⅱ

하늘이시여
잘 벼린 칼 한 자루
벼락처럼 내리소서

내 영혼을 갈라
그이를 사랑할 수밖에 없는
아프디 아픈 사연을
꺼내 봐야 합니다.

사람은 지구의 나그네

사람은 지구의
소유권이 없고
사용권만 있다

행복한 사람은
늘 취해 있는 사람

사용권에 취한 사람은
죽을 때까지
나그네다

술잔이 비었노라

술잔에 뜬 별을 마신다
별이 웃으며 심장 속으로 들어왔다
심장이 벌렁벌렁 춤춘다
술잔은 시시덕거렸다

웃음이 별을 끌어안고
자박자박 걸어간다
달빛을 시샘하느라
산자락으로 숨고
먼 데서 떡메질하는 소리가
바람을 데리고 고개를 넘는다

그대를 찾으려고
저만치서 내 심장 같은 달무리가
별들에게 소리친다

술잔이 비었노라

하늘이 웃고 별을 훔쳐 간 달이
부끄러워 반쪽이 되더라

천하에 오직 하나뿐

번다한 세속 잡사에 휘둘려 살았지요
부질없는 한바탕 장난이라는 걸
스승께 회초리 맞으며 겨우 알았지요

청산과 마주하며 묵언을 배우고
좋은 벗을 두어 나를 비춰보고
마음 닦아 세상 모두를 스승 삼고
배려하는 혼을 길러 겸손을 새기고
천하에 오직 하나뿐인 내가 존재하듯
남을 귀히 여겨 스스로 기특함을 길러
세상에 조금이라도 보탬이 되게 살려고
애씁니다

입으로 나오는 말로는 되는데
가슴과 행실로는 늘 딴청입니다

참 고얀 놈이지요

같이 흔들리자

세상이 흔들리는데 버티지 말라
같이 흔들려야지
버티면 으깨어진다

흔들리는 세상 따라 흔들렸더니
나도 모르게 내가 부숴지더라

버티란 말이냐
흔들리란 말이냐

내 인생의 오로라

다사롭고 향기 나게
다가온 선녀
하염없이 해맑은
하늘 닮은 눈빛으로
혼을 달구고 달구었다

손길은 황홀
숨결은 환희
심장은 교교
영혼은 밀어

잴 수 없는 무게
내 인생의 오로라여

그냥 살면 되거늘

햇살 고우면 눈에 보이는 것마다 그냥 웃어주고
비가 오면 마음 아픈 이들 위해 그냥 울어보고
바람 불면 자유 그리운 이들에게 그냥 손 흔들고
해지면 마음 다친 이들에게 그냥 두 손 모으고
천둥 울리면 지은 잘못 그냥 참회하고
번개 치면 저지른 허물 그냥 뉘우치고
별이 빛나면 지구 떠난 이들에게 그냥 조아리고

근심 걱정 고난 시련 없다면
이미 저승 사람이니까

바람에게 물었다

바람에게 물었다
너는 누구냐
보이지도 그물에 걸리지도 않는
참 가벼운 존재라네

본질이 뭐냐니까
자유라고 하더라

자유가 어찌 생겼냐 했더니
마음을 슬그머니 뒤집는 거라네

왜 뒤집어야 하냐니까
백 년도 못 사니 잘 놀다 가라네

어찌 놀라느냐니까
묻지 말고 그냥 놀다 가라네
한 번밖에 못 사는 거 뻔히 알잖느냐네

사람으로 태어나 무엇을 남길 텐가

살았을 적에 나를 알아내지 못하면 한낱 티끌
죽을 적에 내가 누구인지 모르면 흔적 없는 바람
인생은 짧은데 흔들리며 산 세월은 왜 그리 길었는가
생각만 청춘이고 마음은 벌써 흙먼지 자욱하네

품었던 욕망은 참으로 부질없나니
얼기설기 쌓은 인연은 낙엽되어 흩어지더라
켜켜이 늘어붙은 애착은 가소롭고

사람은 본디 짐승이었다더라
참사랑과 따스한 용서와 자유를 누리기에
사람이 되었다 하더라

그러하지 않으면 반인반수라 하여도
대꾸할 말 없더라

귀신에게 시비 걸기

귀신에게 시비 걸어도 괜찮은 나이가 되었지요
머리칼은 된서리를 맞아 은발
어지럽게 칼질 당한 주름들
고함쳐도 애기소리
배냇니 던진 지붕에 올라가려니
무르팍이 달그락

안경 벗으니 심청 애비가 되었지요
뺑덕어미인들 달가워할까마는
빌어먹은 나이니까
염라대왕인들 무서울까

저승사자 네 이놈
오기만 해봐라
카악…

살아있음은 기적

문학은 영혼의 상처를
향기로 바꾸는 인간학이지요
시인은 영혼의 상처를
꽃대궐로 만드는 예술가죠

만유인력으로 사람은 땅을 딛고 살지만
마음은 허공을 맴돕니다
사람 다우려면 사뿐 자박 걸어야죠
천하 만물은
사랑과 잉태와 포용으로 가꾸지요

살아있는 사람은
살아있다는 것만으로도
기적을 일군 것이죠
기적은 늘 향기 그윽하지요

2부
겪어보면 안다

겪어보면 안다

굶어보면 안다 밥이 하늘인 걸
목마름에 지쳐보면 안다 물이 생명인 걸
코 막히면 안다 숨 쉬는 것만도 행복인 걸
일이 없어 놀아보면 안다 일터가 낙원인 걸
아파보면 안다 건강이 엄청 큰 재산인 걸

잃은 뒤에 안다 그것이 참 소중한 걸
이별하면 안다 그 이가 천사인 걸
지나보면 안다 고통이 추억인 걸
불행해지면 안다 아주 작은 게 행복인 걸
죽음이 닥치면 안다 내가 세상의 주인인 걸

신이 주신 선물

영혼과 영혼을 포개어도
그치지 않는 서러움

지금 하나가 아닌 걸
슬퍼하지 말자

네 심장에 박힌 사랑 꺼내서
내 영혼 쪼개고 쪼개
감싸 안고 살련다

그래 우리 둘이
깊은 산으로 들어가
촛불 두 자루 켜고
이마에 고운 입술 대고
가지런히 누워
천년의 비밀을 나누자

밤새 우리는 들끓자
아침에 눈 떠 이슬을 마시자
그리고 천천히 영혼을 포개자

천사가 배시시 웃더라

봉숭아 꽃잎 속에
여인이 숨어 있다

붉은 치마 곱게 벗겨
행여 누가 볼세라
주무르고 주무르고
손톱에 붙이고
속옷으로 동여매었다

여인은 하룻밤 새
아기를 낳고 검붉은 탯줄 잘랐다
날이 가고 달이 차며
연분홍으로 훌쩍 자란
여인이 다가와 배시시 웃더니
천사가 되었다

불을 끌 만큼 눈물 흘려 보았느냐

그댈 기다린 만큼
태양이 이글거리면
지구는 불덩어리가 되겠지요

그대를 그리워한 만큼
눈이 쏟아진다면
영영 봄날은 사라지겠죠

그대를 사랑한 만큼
비가 퍼붓는다면
세상은 온통 바다겠지요

아직도 내 영혼은 화염에 쌓여 있어
달아오른 불 끄려고
밤새 목울대 찢어지게 울었지요

사람들아
불을 끌만큼 눈물 흘려 보았느냐

사람의 고향은 별이다

사람이 죽으면
육신은 땅이 되고
영혼은 별이 된다

하늘 가득한 별은
억겁의 세월 내내
그리움에 북받쳐
하늘의 반딧불이 되었다

두고 온 사람이 못내 그리워
제발 바라보기만이라도 하라며
먼 먼 하늘에서 애원하건만
왜 아니 보시는가

아 그대도 잠시 잠깐이면
별이 될 터인데

그냥 살자

어찌 살아야 합니까
인생사 전쟁터가 아니더냐

웃고 건강하고 신나게 살고 싶습니다
남을 기쁘게 하고 세상에 조금이라도 보탬이 되게 살라

그리 살기가 어찌 쉽습니까
인생사 쉬우면 재미가 없느니라

잘 사는 법을 가르쳐 주소서
그냥 살라

하늘을 마신다
– 천왕봉에서

바람골 물보라 품고
고운 햇살 토실토실
하늘 아래 사랑 대궐
정든 이여 어서 오시라
폭포 소리가 명창이요
굽이굽이 인생 설움

인생은 한 번뿐
신바람으로 놀다 가시라네

티끌 벗어 날리는
신령스러운 엄니의 가슴
세상 시름 다 감추었네

하늘이 짓고 백성이 가꾼
신들의 고향
하늘에 매달린 천왕봉
참선비 우르르르

꽃사랑 건너 눈시울 만발

하염없는 세월 부여 잡고
세상 풍파 오욕도 벗어
인연 잔치 푸짐하다

굽이굽이 숲 향기 취하면
누구든 하늘을 마신다

내 인생의 구렁텅이

괴이쩍고 지랄맞은 코로나
응급실도 빈자리 없다네
죽은 자는 말이 없고
죽어가는 자는 변덕 만발

위독하여 옮긴
절대고독의 음압실
지레 묘비명을 허공에 쓴다

왼팔에 주삿바늘 주렁주렁
산소마스크 벗기면 저승행차
중무장한 의사와 간호사
고글 속 눈망울 사슴을 닮았다

아끼고 아끼느라
잘 놀지 못한 허망한 인생사
지독하게 사랑했어야지
아낌없이 베풀었어야지
흐드러지게 웃었어야지

하루 다섯 번밖에 볼 수 없는
간호사와 의사는
정녕 하늘에서 보낸 천사였다
기신 못해 살려달라 애원조차 못하는
몸뚱아리를 살려냈으니까

이레만에 일반 병실로 옮기고
겨우 혼자 걸었다

어제까지 천사였던
그들이 도로 의사와 간호사였으니
이 지랄 변덕이
내 인생의 구렁텅이겠지

따라 배우기

색바랜 신문지 펼쳐
동전 몇 닢 놓고 구걸하는
동냥아치에게
천 원짜리 한 장 내민 여인
두 손 모으고 허리 숙여 절했다

거지에게 절해 본 적 없지만
천 원짜리 한 장 내밀고
두 손 모으고 절했다
또박또박 걸어가는 그녀에게
두 손 모으고 절했다

참 스승이 도처에 있으니
내 발길을 다듬고 다듬어야 하리라

인생

어릴 적
선생님이 되고 싶었다
실습 나온 교생 선생님이
하도 예뻤으니까

조금 철이 들어선
임금님이 꿈이었다
삼천궁녀 낙엽처럼 굴렸다는
의자왕 말이다

철이 들 만큼 들어선
거짓말을 진짜처럼 만드는
사내가 되고 싶었다
그런 인간들이
단박에 잘 살았으니까

무릎에 바람 들고
자전거 바퀴 닮은 안경 써야
신문 읽을 나이가 되자
그저 평균 수명만큼만

별고 없이 살아 있기를
바라게 되더라

참 허망하네
이놈의 인생사

사람꽃

허공은 모양이 없어
불 질러도 송곳으로 찔러도
회초리로 때려도
불타거나 피가 솟구치거나
아프지 않지만

사람 마음은 자꾸자꾸
모양을 만들어
화가 치밀고
피가 나며 통증이 심할밖에

마음에 사랑과 용서를 심으면
사람꽃이 된다지요

해돋이와 해넘이

그대는 바람
사랑을 휘몰아
어리석은 집착
모두 날렸지요

그대는 그물
사랑을 가두어
가슴 식은 영혼
모두 품었지요

그대는 용광로
사랑을 달구어
얼어버린 인생
모두 녹였지요

그대는 내 인생의
해돋이요 해넘이이지요

심장 속으로 들어온 사랑

떠돌다가 세상이 하도 넓어서
멈출 곳을 찾았지요

그대가 물었죠
너는 어디 있냐고

나는 거기 있어요
바로 거기, 그대 심장 속

사랑 그리고 이별

사랑엔 이별이 숨어 있다
이별엔 추억이 녹아 있다

사랑과 이별은
눈물과 상처로 얼룩지지만
환희가 춤춘다

사랑한 채로 맞이한 이별
보내고 나서야 알게 된 사랑
사랑과 이별은 한 몸인가 보다

이별의 고통은 유효기간이 있으니
외롭고 긴 기다림 끄트머리에
그리움 되어 가슴에 맺히리

사랑 벼락 1

오마하고 오지 않고
가마하고 가는 사람
잡을 길 없소
가는 사람 부여 잡으니
그림자였소

불가마에 나온 한 줌 재
살았을 적에 사랑 벼락 맞은 자국
그대 영혼으로 켜진 촛불
밤마다 밝히겠소

목이 메이도록 찬란한 기쁨이니까

사랑 벼락 2

하늘이시여
잘 벼린 칼 한 자루
내리시어
영혼에 박힌
심장에 박힌
사랑이라는 놈을
꺼내주소서

하늘이시여
사랑 벼락 때리소서

3부
인생 사용 설명서

인생 사용 설명서

사람 사용 설명서에
설마 울고불고 찡그리며
살라고 적혀 있을까

행복이 어디 있냐고 물으면
내 마음속에 있다면서
늘 마음 밖
남이 가진 줄 알았지

별고없이 평균 수명만큼만
살아 있으면 좋겠다 싶은
나이가 되자

눈 뜨면 가슴에 손 얹고
읊조리고 읊조린다

살아있음은 천하제일의 기적
우주만물 중에 오직 하나뿐
잘 놀다가지 않으면 불법

사랑 근처

내 영혼이 녹아 겨우 반 모금
나를 녹인 건 그대의 뜨거운 심장
선혈 반 모금 마시고
온 밤 목울대 찢어지게 울었다

살아 있기가 이리도 거북살스럽다면
애시당초 사랑 근처에 가지 말았어야지

아침에 거울을 보니
밤새 화상을 입었더라
아직도 나는 화염에 싸여 있다

그대가 불을 꺼주려나

논산 아리랑

1
아리랑 아리랑 아라리오
황산벌 들녘 태평성대요

백제 혼 서린 양반 고을
천년 신비 은진미륵
유교 지혜 돈암서원
천하제일 선비들 납신다

아리 아리 아리랑 논산 아리랑
황산벌 들녘 태평성대요

2
아리랑 아리랑 아라리요
금강물결 춤사위로 흐른다

개태사 쌍계사 종소리 그윽
계룡산 노성산 울울창창
훈련소 깃발 펄럭펄럭
옥녀봉 선풍仙風은 성인 김대건

아리 아리 아리랑 논산 아리랑
금강 물결 춤사위로 흐른다

3
아리랑 아리랑 아라리오
탑정호 물보라 무지개라

사각사각 연산대추
왕밤 도둑 강경젓갈
천하 맛깔 논산딸기
풍미 넘친다 상월고구마

아리 아리 아리랑 논산 아리랑
탑정호 물보라 무지개라

엄니 마음

다듬이돌 깔고 앉아
만화책 보는데
삽짝 열고 들어선 스님
덩치만큼이나 목탁 두드리는 손바람이
탁발로 이골이 난 듯하다

엄니는 미닫이 열고 으레 하던 소리로
"우린 천주님 믿어요"

두 말없이 돌아서다 말고
홀아비 냄새가 싫어 몸을 꼰
내 낯짝을 살피더니
댓돌 아래 너부죽이 엎드려
엄니에게 큰절을 한다
엉겁결에 엄니도 머릴 조아린다

"재상감이니 부디 잘 키우시오
귀부인이 될 터이니 미리 예 올립니다"

목탁을 소맷부리에 감춘 채

열린 삽짝 밖으로
휘적휘적 큰 걸음질 한다
엄니는 후다닥 뒤주 열고
양푼이 미어터져라 고봉으로 쌀 퍼든 채
시어머니 마중하듯 잰걸음 쳤다

만화책 덮은 내게
송글송글 콧사등이 땀 훔치며
빈 양푼 들고 들어선 엄니
묘한 표정으로 내 볼을 꼬집었다

열살짜리가 무어
세상을 알까마는
아무래도 우리 엄니
스님 따라가서 배코 칠 것만 같다

서커스패 그 계집에 따라가고 싶던
그때 내 심정이겠지 뭐

사랑 서리

무딘 칼로 베어낸
내 영혼 한 덩어리
왕소금에 절인들
새순처럼 싱싱해질까마는
사랑하면 풋내 나는 사람이 된다더라

왕관 버리고 사랑 찾은
사내만 사내라더냐
에라, 나라고 사랑서리 못하랴
전생의 변학도인들
이생에서
춘향인들 못 만나고
심청인들 눈 흘길까

사내 가슴도 봉긋하다는 걸
귀신은 알 거다

사람이 왜 늙나 했더니

다시 태어나
지금 살고 있는 그 인간과
또 살 사람 손들라 했더니
모두 입을 비죽 내밀며 전생의 웬수였다더라

늙은 여자가 손 번쩍 들더니
그 인간과 사십여 년
징글징글하게 싸웠는데
문득 살펴보니
서로 늙어 싸울 게 없다더라

다시 태어나 딴 인간 만나
징그럽게 평생 다툴 생각하니
살던 그 인간과
그냥 사는 게 상수라든가

그걸 아는 날이면
모두 늙은이가 되었겠지

놀부 보시

눈 덮인 산에 오르며
좁쌀 한 됫박, 콩 두 됫박
햇살 밝은 자리 골라
한 줌씩 늘어놓고 꾸벅 절한다

쪼아 먹은 산새가 고마워할까
말 못하는 짐승이 무슨…

짐승에게 고맙다는 소리
기대하지 않듯
사람에게도 그냥 주라 했거늘

산새들아
부지런히 한글 배워
흥부전을 읽어볼래

청춘들아

가슴에 꽃 한 송이 키우고
머릿속엔 부싯돌 두 개를 넣어 두라
꽃을 피우기 위해
그대 가슴은 붉은 피 흘려야 하고
먹구름이 몰려들어 모두 젖어야 하고
세포가 폭발하듯 고통 삭여야 한다

부싯돌을 마구 부딪혀야 한다
불꽃이 일 때마다
그대의 영혼은 닳고 닳는다
부딪치고 부딪쳐서 반들반들해지면
비로소 어른이 된단다

청춘은
제 몸과 제 혼을
온통 불사르는 거대한 천화天火 한 송이일 터

울 엄니 1

철딱서니 없이
동네 꼬마 따라
다리 저는 아이를 골렸지
울며 절뚝 절뚝 가는 아이
뒷모습 지켜본 울 엄니

내 뒷목 잡고 다리 저는 아이 집으로 가서
얼른 빌라고 어금니 물었네
다른 애들은 그냥 잘도 뛰어놀거늘
울 엄니는 새 엄니인가
용서해 달라니 녀석은 끄덕이며 웃었네

회초리 꺼낸 울엄니
버선발 위로 치맛단 올리고
회초리를 내 손에 쥐어주었네
자식 잘못 가르친 어미를 때리라며

아이고 울 엄니 왜 이런다냐
정녕 새 엄니는 아니네
나는 회초리 내던지고
엄니 품에서 목 놓아 울었지

울 엄니 2

엄니 나를 어떻게 낳았어
다리 밑에서 주워 왔다

엄니가 거짓말쟁이가 아니라는 걸
철이 들어서야 겨우 알았다

엄니 다리와 다리 사이에

신비한 창조의 소굴이 있다는 걸

한눈 팔기

사람으로 태어나 무엇을 놓고 갈 건가
살았을 적에 왜 사는지 모르면
한낱 티끌이오
죽을 적에 내가 누구인지 모르면
흔적 없는 바람이려니
인생은 눈썹만큼 짧은데
흔들리며 산 세월이
왜 그리 길었던가

불에 지진 흔적처럼 살았소만
부질없다 할 수밖에요

인생은 내가 문제를 출제하고
내가 해답 쓰는 건데
복잡하게 출제하고
인생이 어렵다고 투덜대며 살았소

스승께서
자박자박 한눈 팔며 살라 했지만
살던 대로 살더이다

에고, 그게 인생인가보오

다친 사랑

하늘 아래 살면 누구나 외롭지요
잘나서 그런 거예요
달과 별과 꽃과 그대가 멀리 있어요
가슴에 불 지르면
그제야 외로움이 도망쳐요
바람으로 그린 그림은 뜨거워요

먹을 갈아 사랑을 그렸더니
새빨갛네요.

어머니가 피흘려
사람을 만들고
사랑하면
영혼도 핏빛 되고
인생도 피가 낭자해야
사람노릇하지요

다친 사랑이 더 찬란하잖아요

별을 마신다

술잔에 들어온 별을 마신다
별이 웃으며 심장 속으로 들어온다
별처럼 심장이 시시덕거린다
웃음이 별을 안고 걷는다
저만치서 내 심장 같은 달무리가
별들에게 소리친다

술잔이 비었다
별을 따다 채워라

하늘이 웃고
별을 훔쳐 간 달이
부끄러워 반쪽이 된다

그대는

그대는 한 줄기 바람으로
나는 작디작은 촛불 하나

일렁이는 바람에도
숨죽이고
행여 그대 소리인가
가슴 기우네

그대는 바람으로
나는 떨리는 가슴으로

어찌하여
내 영혼 앗아갑니까

그대 스쳐 간 자리에
허수아비 하나
빈 들판 위에

홀로 선 나를
그대 알아줄 날만
기다린다오

그대는 내 영혼의 주인이니까

사랑앓이

사랑이라는 별이 있다네요
누구나 사랑앓이를 하지요
사랑병은 황홀한 통증
도깨비 닮아
툭 건들기만 해도 달라붙어
드잡이를 하지요

괴이쩍기로 따지면 지옥 같고
살갑기로 따지면 엄니 품속 같으니
죽을망정 어찌 사랑하지 않으리오

그대가 하늘이었소

외로움이 달아오르면
동상에 걸리더이다
그리움이 북받치면
화상을 입더이다

사랑하면 병자가 되나니
우리가 한날 한시에
병자가 되었나니
어찌 비명 지르지 않으리오

그대가 하늘이었음을
이제사 알았소

4부
모루

모루

옛선비 마냥 호號를 갖고 싶었다
스승 선비 선배들이
민망하리만큼 큰 뜻의 호를 지어주었다
내 처지가 부끄럽고
지어준 호처럼 살 자신이 없어
망설인 세월이 길고 길었다

폐암으로 사경을 헤매는 신부님이
두 손 부여잡고
세상의 받침돌처럼 살았으니
남은 인생도 받침돌처럼 사시오
죽기 전에 간곡히 청하니
모루*를 호로 삼으시오

신부님이 하늘에 올라 별이 된 뒤에야
유언을 따르기로 작정하고
불에 데이고 쇠망치로 얻어맞더라도
남에게 받침돌이 되기로 했다

내 호는 '모루'지요

*모루: 대장간에서 달군 쇠를 올려놓고 두드릴 때 받침으로 쓰는 쇳덩이

춘추문장春秋文章

그른 일에 방관함은 굴종이요
거짓에 침묵함은 비겁이오
바른 일에 투쟁함은 진실이오
부정에 저항함은 참됨이니

무릇 사필史筆은 백성百姓의 몫

소금꽃이여 피어나라

후회

부자든 가난하든
출세했든 실패했든
장수했든 단명했든
유명하든 무명이든

죽어가면서 마지막 후회 세 마디

그때 좀 참을 걸
그때 좀 베풀 걸
그때 좀 재미있게 살 걸

왜 사냐고 물으면

딸 아이가 묻습니다
아빤 왜 사냐고
대꾸하려니 목이 메이고
침묵하자니 가슴이 미어집니다

신부님이 대신 말합니다
"내 탓이요 내 큰 탓이로소이다"

스님이 대신 말합니다
"그걸 알기 위해 부득부득 사노라"

목사님이 대신 말합니다
"그 어려운 건 하나님한테 묻지"

노인네가 대신 말합니다.
"아직 죽어보지 않아 모르겠노라"

철부지가 대신 말합니다.

"태어난 걸 어찌란 말이오"

금강산 만물상에 얹혀 있는 옥황상제가 씨익 웃습니다
"정답은 없고 명답은 많느니"

내 고향 푸른 달아

열사흘 달빛 휘영
산마루 너머
고무래 자국 같은
신작로에 누워
가르마 탄 계집아이
옷고름 잡은
깨소금 섞은
고향 이야기 전하네

고샅길 돌담 너머
계집아이는
덩그렇게 홀로 된
까치밥마냥
풀각시 매만지며
그리움 쌓는다

아랫마을 아슴아슴
달빛 푸르른데
역마직성 그리운 님

기별이 없다
아련히 들려오는 다듬이 소리만
가슴앓이 아는 양 메아리 된다

그리운 것은 금강이 아니라 통일

금강을 말하려면 혼령이 되어
혼돈의 조화로 풀어야 한다
스님네 공양 그릇 엎어놓은 수정봉
개골산 자락자락 하얀 도화지
미인송은 아름드리 콧날 선 자태
눈잣나무 사이사이 일만 이천봉
광기 서린 계곡으로 산천어가 숨는다
천존의 조화로 누누만대
흐르고 치밀고 쏟아부어 만든
정교한 번뇌의 조각들
하늘처럼 교만하다

속세에 없는 것이 금강에 있다
만물상엔 옥황상제가 있고
처녀 불알도 만들었다
켜켜 아슬아슬
옥토끼로 찍어 계수나무
요리 보면 거북
저리 보면 봉황
한눈 팔면 선녀

외눈 뜨면 동자
이놈의 조화가 뉘 장난인가
태초 가름인가 우주 창생인가

망장천 옹달샘 마시면
금세 이팔청춘 된다니
배 터진들 못 마실까
금강산 제일봉 천하명경 비로봉
오직 바라볼 곳은 하늘뿐
젖가슴 내민 어머니처럼
옥녀봉은 따스하다

그리운 것은 금강이 아니라
통일이었다

인연

칠석마다 옥황상제 따님이
금강산 천선대에 사뿐 내려앉아
비단결로 땅내음 맡고
올라간다 하더이다

비단결에 금강산이 다 닳으면
한 겁이 되고
그렇게 또 금강산 억 개가 닳으면
억겁이 되고
그제야 사람과 사람이
만난다 하더이다

부서진 해적선 뱃머리 송판 한 조각
파도에 밀려다니며 세월을 얽어
관솔이 빠져나간 구멍 하나
생겼다 하더이다

천 년에 한 번 숨 쉬는 거북이
깊은 바닷속에서 솟아올라
숨 한 번 마악 쉴 참에

왜 하필 거북이가 그 구멍에
머리를 내밀고 숨을 쉰단 말이오

인연이란 그렇다 하더이다

사랑의 전과자

사람은 누구나 사랑의 전과자
추억 저 너머에
분열하는 세포
그림자로 다가선
불가마

거웃이 비치던 날부터
광채가 된 여인

사랑은 도적떼
사랑은 훔치는 것
남은 것은…

숯으로 구운 밤마다
애정운이 짧은 손금을 본다

시인詩人

원고지原稿紙
몽당 연필
그리고 영혼을 찍어 쓰는 몸살

겨울 된서리는
몸속에서 사랑타령하고
가을 당단풍
가슴 밑바닥에 인생을 쌓고
여름 폭풍우는
다리 밑에서 사랑을 줍고
봄날 꽃까지
모세 혈관으로 억겁을 짓고

봄이 슬픈 까닭

오므린 진달래 꽃잎
채칼질하는 봄비
여인은 전화기를 들고
목메인 소리로
꽃잎에게 속삭인다

"봄이 왔어요
고독해요
사랑은 봄비 같아요"

그리고 흐느낀다
그래도 봄이 없는 나라에
살지 않으련다

눈물은 바다
파도는 가슴
영혼은 숙제

그 가슴에 아무거나 던져도
붉은 꽃잎이 된다

무제

지리산 토굴
민머리 소녀
촛불 켜고
손가락을 태운다

제 몸 불사르는
열일곱 난 저 어린 게
무어 인생을 알까마는

인욕을 태우고
과거를 태우고
사랑도 태우고

남은 것은 무無

스무 살 나던 해
손가락 없는 비구니는
어머니가 되고 싶었다

병아리 같은 뒷걸음질로

산사를 내려오는데
노승이 껄껄 웃으며

어미됨도
부처됨이니

헤어지는 연습

대문 옆 부연 가로등 불빛
딸아이와 끌어안고
입맞춤하는 사내놈
배신감으로 울렁이는 심장

그 나이에 그 애비인들
아니 그랬더냐

그날부터 딸년이
배신하고 도망간
젊은 날 그 배알머리 없는
계집 같더란다

누가
헤어지는 연습을
해두라 했던가

흔들리며 살자

휘늘어진 버드나무
살랑 바람에도 춤춘다
내 마음이 자꾸 춤추는 것도
바람 탓이었구나

그럼 그렇지
이제라도 알았으니 흔들리게 내버려 두자
까짓 거

그대 품속에 핀 꽃

향기로운 사람 머문 자리에
광채 한 송이
바람개비처럼
휘감기는 사랑 내음

여명이 번지며
이슬 같은 춤사위로
꽃잎 벙그러질 무렵

평생 묻어둔 혼을 꺼내
한 점도 남김없이 주고가겠다
신비로운 한 떨기 인연
그대 품에서만 피어난다

사랑 Ⅲ

내 영혼 석 달 열흘
맷돌에 갈아
보탬도 남김도 없이
이슬보다 천만 배
순수한 열정으로
그대 심장에 뿌려
숨결 멈출 때까지
영혼을 바치나니

신선이 빚은 그대 가슴에
여며 간직하소서

오장 칠부 달린 무리

시국이 분분하니
오장 칠부 달린 무리가 기승한다

지랄 법석으로 노는구나
앵무새 같은 주둥아리
귀먹고 눈 감고
맹꽁이배 내밀고
벼슬 감투 얻으려고
밤낮없이 문지방 닳고
가리쟁이 가래톳 서고
타관 잡배 행차한들
돈지랄로 잡은 감투
지문 닳게 비벼 얻은 벼슬

그 팔자가 오두방정이니
환란인들 아니 오고
감옥인들 아니 갈까

애고, 진작에 백성 공경했어야지

두루메

울창한 산자락 깊고 깊은 두루메
정든 그 향기에 취했네
길을 잃고 서로 위로하던 너와 나
세상 풍파 겪으며 잊고 살았네

맑은 물, 바람 소중함을 몰랐고
늘 그대로일 것 같던 그 시절
이제는 돌아와 풀숲에 누워
잊고 지낸 세월 풀어보자

싱그런 꽃향기 깊고 깊은 두루메*
길을 찾아 서로 위로하던 너와 나
어둠 속에서 비바람 견디던 우리
말 없는 눈빛이 외롭지 않았어

젊은 날 빛나는 모습 찾아
변치 않는 그곳에 함께 가보자
우리 함께 하면 길을 잃어도
시련이 와도 견딜 수 있어

마음에 담은 추억으로 살며
세상 풍파 서러움에 네 얼굴 떠올라
고통 속에 향기가 피어나고
아픔 없는 인생 있을까

*두루메: 이두나 향찰에서 쓴 지리산의 옛말

| 평설 |

시로 쓴 인생론과 그 향방
– 김홍신 시집 『그냥 살자』에 붙여

김종회(문학평론가, 한국디지털문인협회 회장)

1. 불세출의 작가가 써낸 구어체의 시

 김홍신이 시를 썼다. 이는 이어령, 박경리가 시를 쓰고 시집을 낸 것만큼이나 새롭고 또 놀랍다. 김홍신의 시에는 언어의 기교나 관념의 유희가 없다. 소박하고 조촐한, 그러나 품격 있고 의미 깊은 인생론의 언사들이 오랜 격언처럼 줄지어 있다. 이 시의 행렬은 그가 살아온 세월의 경과와 그 연륜의 원숙성을 반영한다. 그의 시들은 주로 구어체의 어법을 빌려 독자와의 소통을 도모하며, 이는 한결 친숙하고 편안한 공감을 촉발하는 데 유익하다. 왜 김홍신이 이와 같은 시를 쓰고 시집을 간행하려 할까. 이야기의 형식으로 풀어서 말하는 소설의 발화법을 한 편으로 밀쳐두고, 비유와 상징과 압

축의 방정식을 동원하는 시의 기법이 그에게 절실했던 까닭이 무엇일까. 이 질문에 대한 답변은 곧 김홍신 시의 존재 양식을 말하는 것이 된다.

주지하다시피 김홍신은 『인간시장』을 필두로 한 장편소설들로 낙양의 지가를 올린, 한국문학 최초의 빌리언 셀러 작가다. 그의 소설이 갖는 의의와 가치에 대해서는 굳이 여기서 재론할 필요가 없겠으나, 그가 동시대 문화 현상 가운데 어느 누구도 넘어설 수 없는 독자 수용의 천장을 친 사실은 이제 문학사의 한 장章이 되었다. 그를 두고 불세출의 작가라 부르는 이유다. 그가 문득 시인의 기치旗幟를 들고 나선 이유는 소설로 다 표현하지 못한, 그리고 시의 장르적 특성으로 가능한 언로를 열기 위해서가 아닐까. 그리하여 이제껏 가슴 속에 묻어두고 있던 세상살이의 경험과 지혜를, 오늘의 우리 사회와 뜻깊게 공유하려 했을 터이다. 그 연령에 이르도록 지속적으로 운용해 온 문필과 세상살이의 관계성을 활용하면서, '시로 쓴 인생론'의 범례를 보여준 것이 그의 시라 할 수 있겠다.

2. 우주적 상상력과 인식의 공간 확장

시인은 풀 한 포기 바람 한 점을 보고도 명상한다. 그것들이 모여 삼라만상을 이루기 때문이다. 김홍신의 시 세계가 꼭 그렇다. 그는 우리 주변의 사소한 일에서부터 우주 공간의 광활한 환경에 이르기까지, 사뭇 자유롭고 활달하게 시의 소재를 만난다. 이 시집의 1부에서 볼 수 있는 그의 세계에는 고승高僧의 탈속한 죽음(「천화遷化」)이 있고, 사람의 지구에 대한 사용권(「사람은 지구의 나그네」) 논의가 있는가 하면, 이 모든 존재의 의의를 가늠하는 심층적 인식(「바람에게 물었다」)이 있다. 그가 당면하고 접촉하며 판단하는 모든 사물에 다각적 관점이 작용하면서, 그 상상력은 시인이 자신의 내면에 숨기고 있는 생각들을 '시의 보석'으로 이끌어낸다.

  하늘에게 어찌 살라느냐 물으니 / 대나무처럼 살라 하네 / 대나무는 가늘고 길어도 쓰러지지 않아 / 마디 있고 속 비어 그렇다네 / 인생의 고비가 마디요 / 속을 비우는 건 마음 내려놓는 거라네
  ―「대바람 소리」부분

 이 시집의 첫번째 시 「대바람 소리」의 첫 연이다. 대나무에 마디가 있고 속이 비어 있기에 가늘고 길어도 쓰러지지 않는다는 언표言表다. 시인은 곧바로 대나무의 모형을 인생사의 면모에 대입한다. 뒤이어 둘째 연에서 대나무에게 물으니 '바람'처럼 살라 하는데, 이 모두를 넘어서는 힘은 '사랑과 용서'에 있다는 것이다.

  술잔에 뜬 별을 마신다 / 별이 웃으며 심장 속으로 들어왔다 / 심장이 벌렁벌렁 춤춘다 / 술잔은 시시덕거렸다
  ―「술잔이 비었노라」부분

술잔에 달이 뜨거나 별이 뜨면, 이는 매우 고급한 풍류의 시심詩心을 증명한다. 시인은 술잔에 뜬 별을 마신다. 자연과 시적 화자 또 우주와 시적 화자가 물아일체物我一體의 지경地境으로 진입하는 이 순간부터, 하늘과 별과 달이 함께 호응한다. 이를테면 시인이 시공을 초월하는 물심일여物心一如의 연대를 꿈꾸는 형국이다.

품었던 욕망은 참으로 부질없나니 / 얼기설기 쌓은 인연은 낙엽 되어 흩어지더라 / 켜켜이 늘어 붙은 / 애착은 가소롭고 / 사람은 본디 짐승이었다더라 / 참사랑과 따스한 용서와 자유를 누리기에 / 사람이 되었다 하더라
―「사람으로 태어나 무엇을 남길 텐가」 부분

이 시의 서두에서 시인은 '인생은 짧은데 흔들리며 산 세월은 왜 그리 길었는가'라고 탄식한다. 더불어 '사람은 본디 짐승'이었으나 '참사랑과 따스한 용서와 자유'로 인하여 사람이 되었다고 술회한다. 이렇게 보면 그가 품고 있는 인생관은 언제나 가치지향적이고 순방향적이며, 동시에 그러한 사유思惟가 시로 발현되고 있다.

문학은 영혼의 상처를 / 향기로 바꾸는 인간학이지요 / 시인은 영혼의 상처를 / 꽃 대궐로 만드는 예술가죠
―「살아있음은 기적」 부분

시, 또는 문학의 기능을 확정적으로 피력한 시의 구절이다. 아마도 이는 오랜 세월을 두고 시인에게 하나의 화석化石이 된 문학관文學觀으로 보인다. 그러할 때 그의 시가 표상하는 인간 곧 '살아있는 사람'은, 기적의 주체요 천지간을 가로지르는 가장 소중한 존재로 격상된다. 시인이 상상력을 운행하는 공간이 이렇게 넓고 자유로운 연유는, 어쩌면 소설의 주박呪縛을 벗어난 시의 강세强勢로부터 말미암았을 것이다.

3. 삶의 질곡을 넘어선 경륜과 인간애

인생 행로에서 한 사람이 보여줄 수 있는 경륜經綸의 크기는, 그의 경험은 물론 그 사람됨의 수준에 연동되어 있다. 큰 포부를 가지고 어떤 일을 조직적으로 계획하거나 그렇게 세상을 관리하는 일을 경륜이라고 한다면, 이는 김홍신 시의 넓이와 깊이를 추정하는 하나의 시점視點이 될 수 있다. 더욱이 누구나 마주하게 되는 삶의 질곡桎梏에 당착했을 때, 이 경륜은 그야말로 새 힘을 발양한다. 사람이 죽으면 '영혼은 별'이 된다는 믿음(「사람의 고향은 별이다」), '인생사 전쟁터'인 마당에 참으로 '잘 사는 법'의 발견(「그냥 살라」), 그리고 무게를 잴 수 없는 '내 인생의 오로라'에 대한 달관(「하늘을 닮은 눈빛」) 등이 이 시집의 2부에서 볼 수 있는 구체적 사례가 된다.

지나 보면 안다 고통이 추억인 걸 / 불행해지면 안다 아

주 작은 게 행복인 걸 / 죽음이 닥치면 안다 내가 세상의 주
인인 걸

—「겪어보면 안다」 부분

'겪어보면 안다'라는 시의 제목은 지금 여기에까지 이른 결과론적 평가에 해당하지만, 여기에는 두 가지 전제 조건이 있다. 하나는 지금 이전의 어려움이나 아픔에 대한 체험이요, 다른 하나는 이제 그것을 넘어설 수 있는 의지와 그로 인한 새로운 진전에의 확신이다. 인용의 시는 여기서 과거와 현재로 맞서 있는 이 구조적 정황에 대한 견식을, 모양 좋게 잘 수렴한 경우다.

아직도 내 영혼은 화염에 쌓여 있어 / 달아오른 불 끄려고 / 밤새 목울대 찢어지게 울었지요 // 사람들아 / 불을 끌만큼 눈물 흘려 보았느냐

—「불을 끌 만큼 눈물 흘려 보았느냐」 부분

'아직도 내 영혼은 화염에 쌓여' 있다면, 삶의 현실 가운데 시적 화자가 감당하는 고통이 현재진행형이라는 뜻이다. 그러기에 '밤새 목울대 찢어지게' 울었던 것이다. 그런데 이 국면에 이르러 시인은, 기상천외한 해소의 방략을 내놓는다. '불을 끌만큼 눈물 흘려 보았느냐'는 반문이다. 이보다 더 확실한 소화기消火器가 없다는 어투인데, 기실 여기에는 중언重言의 설명이 필요하지 않다.

거지에게 절해 본 적 없지만 / 천 원짜리 한 장 내밀고 / 두 손 모으고 절했다 / 또박또박 걸어가는 그녀에게 / 두 손 모으고 절했다 // 참 스승이 도처에 있으니 / 내 발길을 다듬고 다듬어야 하리라

—「따라 배우기」부분

이 시의 화자는 거리에서 '구걸하는 동냥아치'와 그에게 적선한 여인이 허리 숙여 절하는 광경을 본다. 그 현장에서 '또박또박 걸어가는 그녀'에게 두 손 모으고 절하는 이는 시적 화자일 시 분명하다. 그리고 짐짓 시인은 이렇게 말한다. '참 스승이 도처에 있으니 내 발길을 다듬고 다듬어야 하리라.' 눈물겹도록 곡진曲盡한 인간애의 한 풍경이다.

사람 마음은 자꾸자꾸 / 모양을 만들어 / 화가 치밀고 / 피가 나며 통증이 심할밖에 // 마음에 사랑과 용서를 심으면 / 사람꽃이 된다지요

—「사람꽃」부분

희비애락을 벗어날 수 없는 평범한 사람이 '사람꽃'이 되는 경로를 보여주는 시다. 시인은 그 난감한 외줄기 길을 '허공'과 '사람'의 비교를 통해 적시摘示한다. 그의 결론은 이렇다. '마음에 사랑과 용서를 심으면 사람꽃이 된다지요.' 굳이 공자의 '기서호其恕乎'를 빌려오지 않더라도, 이에 견줄만한 인간애의 도식을 찾아내기란 어려운 노릇이다.

4. 인생의 도정에서 만난 사랑의 얼굴

 우리가 작가이자 시인의 길에 들어선 김홍신과 그의 시를 신뢰하는 데는, 당연히 그럴만한 이유가 있다. 그 시에서 어떤 허장성세나 정도의 지나침을 목도할 수 없을 뿐 아니라, 작고 소중한 진실에 정성을 기울이는 진정성을 납득할 수 있기에 그렇다. 일찍이 윌리엄 블레이크가 「순수의 전조」에서 '한 알의 모래에서 세계를 보고 한 송이 들꽃에서 천국을 본다'고 한 세미한 수사修辭를, 3부에 수록된 시들에서 만나게 된다. 그 작고 귀한 얼굴들은 대개 '사랑'이라는 공통점을 안고 있다. 사랑하면 풋내나는 사람이 된다(「사랑 서리」)는 전언傳言, 다친 사랑이 더 찬란하다(「다친 사랑」)는 판단, 사랑이라는 별이 있어 누구나 사랑하게 만든다(「사랑앓이」)는 해명 등이 모두 그와 같다.

 사람 사용 설명서에 / 설마 울고불고 찡그리며 / 살라고 적혀 있을까 // 행복이 어디 있냐고 물으면 / 내 마음속에 있다면서 / 늘 마음 밖 / 남이 가진 줄 알았지
 ―「인생 사용 설명서」 부분

 '인생 사용 설명서'나 '사람 사용 설명서'는 어디에 있으며 어떤 문면文面으로 기록되어 있을까. 그리고 정말 그러한 문건이 있기나 한 것일까. 시가 '현실법칙'이 아니라 '진실법칙'에 의거해 있고, 그 언어의 운행에 있어 '시적 일탈'이나 '시적

허용'이 가능하다는 것을 전제한다면 이 설명서는 시인에게 하나의 특권으로 작동할 수 있다. 이와 같은 눈으로 본다면, 그 어려운 문답이 한결 명료하게 제시될 수 있을 것 같다.

가슴에 꽃 한 송이 키우고 / 머릿속엔 부싯돌 두 개를 넣어두라 / 꽃을 피우기 위해 / 그대 가슴은 붉은 피 흘려야 하고 / 먹구름이 몰려들어 모두 젖어야 하고 / 세포가 폭발하듯 고통 삭여야 한다
—「청춘들아」부분

이 시는 시인이 청춘에게 전하는 사랑과 격려의 말이다. 일찍이 호머가 '델로스 섬에서 아크로폴리스 신전 곁에 하늘을 향하여 땅으로부터 치솟은 종려나무를 보는 것 같다'고 칭송한, 그 청춘들에게 주는 고언苦言이다. 시인은 종내 청춘이 엄혹한 단련을 거쳐서 제 몸과 제 혼을 온통 불사르는 '거대한 천화天火 한 송이'가 될 것으로 규정하고 그렇게 권면했다.

회초리 꺼낸 울엄니 / 버선발 위로 치맛단 올리고 / 회초리를 내 손에 쥐어주었네 / 자식 잘못 가르친 어미를 때리라며 // 아이고 울 엄니 왜 이런다냐 / 정녕 새 엄니는 아니네 / 나는 회초리 내던지고 / 엄니 품에서 목 놓아 울었지
—「울 엄니 1」부분

철딱서니 없는 시절에 다리 저는 아이를 놀린 화자에게

'울엄니'는 엄벌을 내렸다. 아들에게 어머니 자신의 종아리를 회초리로 치라는 것이다. 어디서 익숙하게 보던 현모賢母의 그림이 아닌가. 다른 애들에게는 없는 이 징벌에 '새엄니'인가 반문도 해 보지만, 마침내 회초리를 내던지고 그 품에서 목놓아 운다. 부연 설명이 필요 없는 어머니의 참사랑이다.

> 사랑이라는 별이 있다네요 / 누구나 사랑앓이를 하지요 / 사랑병은 황홀한 통증 / 도깨비 닮아 / 툭 건들기만 해도 달라붙어 / 드잡이를 하지요
> ―「사랑앓이」부분

사랑이라는 별이 있고 누구나 사랑앓이를 한다는 시적 진술은, 갑남을녀를 막론한 사랑의 보편성을 말하고 있다. 사랑병이 쉽게 드잡이를 한다는 것 또한 마찬가지다. 그래서 시인은 사랑을 두고 다음 시행詩行에서, 괴이쩍기로 지옥 같고 살갑기로 엄마 품속 같다는 해석을 내놓는다. 이 사랑의 얼굴은 우리 삶의 어디에나 있고, 어느 부문에나 개입한다. 사정이 그러하니 사랑이야말로 인생길의 변함없는 도반道伴인 셈이다.

5. 세상살이의 지혜와 운명론의 언어

어느 작가가 이렇게 말했다. '운명! 그 이름이 등장하면 모든 토론은 종결이다.' 이 준엄한 글의 한 구절을 소환하여 떠올릴 만큼, 김홍신 시의 종착점은 인간의 웅숭깊은 속성과

마침내 그것이 견인할 운명의 날들을 예감하게 한다. 그러나 그의 시에서 운명의 모습은 그에 이르는 경과 기간에 당사자의 고투와 정성에 비례하여 명암이 조정되는, 이른바 인본주의적 성격을 가졌다. 바로 여기에 시인 또는 시적 화자가 가진 세상살이의 지혜가 개재介在할 여지가 있는 것이다. 세상에 조금이라도 보탬이 되겠다는 다짐(「그냥 살면 되거늘」), 평생 묻어둔 혼을 그대 품에 남기겠다는 고백(「그대 품속에 핀 꽃」), 아픔 없는 인생 있을까라는 반추(「두루메」) 등에서 운명론의 언어와 삶의 지혜로운 식견이 접촉하는 형상을 볼 수 있다.

> 옛 선비 마냥 호號를 갖고 싶었다 / 스승 선비 선배들이 / 민망하리만큼 큰 뜻의 호를 지어주었다 / 내 처지가 부끄러웠고 / 지어준 호처럼 살 자신이 없어 / 망설인 세월이 길고 길었다
> ―「모루」부분

'모루'라는 제목의 시다. 모루는 시 제목이면서 선종善終하는 신부가 김홍신 시인에게 공여한 호號다. 모루는 대장간에서 달군 쇠를 올려놓고 두드릴 때 받침으로 쓰는 평평한 쇳덩이를 일컫는다. 농기구나 일이나 사람이나, 제대로 성장하고 발전할 수 있도록 돕는 역할을 한다. 온 생애를 두고 세상과 사람들을 위해 기여한 이 시인에게 꼭 알맞은 이름이다. 그렇게 공익을 위해 살 운명이면, 이 정황을 벗어던지기가 어려웠을 터이다.

그른 일에 방관함은 굴종이요 / 거짓에 침묵함은 비겁이오
/ 바른 일에 투쟁함은 진실이오 / 부정에 저항함은 참됨이니
―「춘추문장」부분

이 시는 그야말로 시인이 인생을 살아온 태도와 방향성을 잘 함축하고 있다. 방관과 침묵이 아니라 투쟁과 저항이 올곧은 지식인이자 지성인의 길임을 통감하고 있지 않은가. 여기에 '춘추문장春秋文章'이란 제목을 붙였으니, 어느결에 사서삼경의 한 가운데로 들어선 후감後感이 없지 않다.

금강산 제일봉 천하명경 비로봉 / 오직 바라볼 곳은 하늘뿐 / 젖가슴 내민 어머니처럼 / 옥녀봉은 따스하다 // 그리운 것은 금강이 아니라 / 통일이었다
―「그리운 것은 금강이 아니라 통일이었다」부분

금강, 봉래, 풍악, 개골의 네 이름을 함께 가진 민족의 명산이다. 시인은 금강산의 외형과 내면에 두루 걸쳐 그 풍자風姿와 함의含意를 다층적으로 조명한다. 시의 외면이 말하는 바와 같이, 해야 할 언급이 많기도 하다. 그런데 그 말미에 이르러, '그리운 것은 금강이 아니라 통일이었다'라는 명제를 느닷없이 부려 놓았다. 이 또한 운명의 언어가 아닌가.

천년에 한 번 숨 쉬는 거북이 / 깊은 바닷속에서 솟아올라 / 숨 한 번 마악 쉴 참에 / 왜 하필 거북이가 그 구멍에 / 머리를

내밀고 숨을 쉰단 말이오

—「인연」부분

이 시의 서사는 동양문화권의 고사古事 가운데 '맹구우목 盲龜遇木'이란 사자성어를 모티브로 한다. 장구한 여행 끝에 바다에 이른 송판 한 조각과 천년에 한 번 바다 위로 떠오른 거북이가 만났으니, 그 인연이 귀하고 드물기를 넘어 운명론적 조우遭遇다. 그런데 정작 시인의 의도가 그 고사 자체에 있을까. 아니다. 그는 이를 차용하여 우리가 사는 세상의 인연을 어떻게 응대해야 할 것인가를 암시하고 있다.

우리는 이제까지 김홍신 시집 『그냥 살자』에 수록된 60여 편의 시를 바탕으로, 그 성격을 대별하여 보여주는 대표적인 시 여러 편을 공들여 살펴보았다. 무엇보다도 먼저 그의 시는 우주 자연과 인생 세간을 보다 큰 눈으로 관조하면서, 오랜 세월에 걸친 연륜의 힘과 지혜를 담아내고 있었다. 그러기에 그의 시를 읽는 일은 우리 인생의 경륜을 연마하는 좋은 계기가 될 것으로 여겨졌다. 이는 자신의 생애와 문학 전반을 디딤돌로 하여 제시한, 독자를 위한 각성과 성찰의 디딤돌로서 소임을 다하는 시의 세계다. 문학 애호가들에게 간곡히 일독을 권하지 않을 수 없다. 그런가 하면 이 숙제를 수행하는 데 동원된 열린 사고와 풍요로운 교양은, 그것 자체로도 시를 읽는 기쁨을 배가倍加하는 요인이 된다. 바라기로는 앞으로도 그의 시와 소설이 한결같이, 우리가 즐겁고도 고맙게 만나는 한국문학의 밝은 빛으로 오래 남아 있었으면 한다.